Die Reihe

AUF SCHIENEN UNTERWEGS

Die Wiener Schnellbahn

Stammstrecke Floridsdorf–Meidling

Franz Haas

SUTTON VERLAG

Sutton Verlag GmbH
Hochheimer Straße 59
99094 Erfurt
http://www.suttonverlag.de

ISBN: 978-3-86680-084-7

Druck: Oaklands Book Services Ltd., Chalford | GL, England

Titelbild: Der geschmückte Eröffnungszug der Wiener Schnellbahn fährt am 17. Jänner 1962 vom Bahnhof Landstraße kommend in den erst wenige Wochen zuvor fertiggestellten neuen Bahnhof Praterstern ein.

Das Logo der Wiener Schnellbahn stammt aus den Sechzigerjahren. Das stilisierte „S" steht für Dynamik und Schnelligkeit.

Inhaltsverzeichnis

Danksagung

Als tolle Fundgrube erwiesen sich die teilweise liebevoll geführten Bahnhofschroniken und deren Anhänge, die mir die Gebietsleitung Wien-Nord zur Verfügung gestellt hat.

Für die weitere Bereitstellung von Bildmaterial gilt besonderer Dank Peter Steinecker, Ewald Göller, Helmut Hösch, Ernst Kabelka, Anton Freisinger, Wolfgang Kaiser, Kurt Gozdal sowie Peter Heiligenbrunner, Mag. pharm. Alfred Luft und Oswald Miksch.

Meiner Frau danke ich für die Hilfe und das Verständnis während der Zeit der Erstellung dieses Buches.

Die Wiener Schnellbahn
Stammstrecke Floridsdorf–Meidling

Im Frühjahr 1954 erteilte der damalige Verkehrsminister Karl Waldbrunner der ÖBB den Auftrag, eine Schnellbahnstrecke durch Wien zu planen. Damit sollte den künftigen Verkehrsbedürfnissen, die sich vor allem durch die nach Norden und Süden wachsende Stadt ergeben hatten, Rechnung getragen werden. Neben einer raschen Verbindung auf der rund 14 Kilometer langen Strecke waren auch die begrenzte Kapazität und die langen Fahrzeiten der Straßenbahnen für diese Entscheidung ausschlaggebend. Durch die enge Zusammenarbeit zwischen der ÖBB und der Gemeinde Wien war es möglich, das fertige Schnellbahnprojekt bereits am 1. Juni 1955 dem Verkehrsministerium vorzulegen. Durch die Einbeziehung von Südbahn, Nordbahn, Nordwestbahn, Aspangbahn und Pressburgerbahn in dieses Nahverkehrskonzept konnten besonders günstige Verbindungen geschaffen werden. Die Wiederinstandsetzung der Strecken sowie von Teilen der Verbindungsbahn und Nordbahn nach den Beschädigungen im Krieg kam fast einem Neubau gleich. Besonders kostenaufwendig war der Bau der Brücken über die Donau und den Donaukanal. Wegen der steigungsreichen Strecken und der kurzen Abstände der geplanten Haltestellen war von Beginn an der elektrische Betrieb mit Triebwagen vorgesehen. Ebenso wurden die Außenstrecken nach Gänserndorf und Stockerau sowie zwischen der Abzweigung Wien-Aspangbahnhof und Groß Schwechat mit Fahrleitung versehen. Daraus ergab sich ein größeres Lichtraumprofil, daher musste die alte Trasse an einigen Stellen tiefergelegt werden. Damit waren auch zahlreiche Umlegungen der Leitungen für Gas, Wasser, Strom und Kanalisation verbunden.

Der neue Bahnhof Floridsdorf wurde verkehrstechnisch günstiger als der Alte weiter stadteinwärts zum heutigen Franz-Jonas-Platz verlegt. Um für die Reisenden kurze Umsteigewege zu gewährleisten, wurden die bisher „Am Spitz“ vorbeigeführten Straßenbahnlinien und Autobusse am Bahnhofsvorplatz konzentriert. Gleichzeitig wurde die Strecke nach Jedlersdorf auf einem fünf Meter hohen Damm neu verlegt. Damit wurde die Brünner Straße mit einer Brücke gequert, der Bahnschranken konnte aufgelassen werden und die Fahrleitungen von Bahn und Straßenbahn behinderten sich nicht gegenseitig. Die Haltestelle Traisengasse wurde gleichzeitig mit der Wiederherstellung der Strecke zwischen Floridsdorf und Praterstern errichtet und soll dem dichtbesiedelten 20. Bezirk eine bessere Verkehrsanbindung bringen. Die Reaktivierung des alten Nordbahnhofes, der am 1. Juni 1959 in Bahnhof Praterstern umbenannt wurde, erschien wegen der ungünstigen Lage wenig sinnvoll. Daher wurde am Praterstern ein neuer, den Anforderungen eines dichten Schnellbahnbetriebes geeigneter Bahnhof über der Verkehrsinsel errichtet. Er war weiterhin Ausgangs- und Endbahnhof der Züge der Nordbahn, Nordwestbahn und Pressburgerbahn sowie einzelner Züge der Aspangbahn. Wie auch in Floridsdorf wurden die Straßenbahnen in der Verkehrsinsel, unter dem Bahnhof, konzentriert. Der nur sehr geringe Kriegsschäden aufweisende Bahnhof Hauptzollamt war am 17. Jänner 1962 in Bahnhof Landstraße umbenannt worden und musste gänzlich umgestaltet werden. Aufgrund der Fahrleitung musste er um 40 Zentimeter tiefer gelegt werden. Das neue Bahnhofsgebäude mit der Kassenhalle entstand direkt an der Landstraßer Hauptstraße. Damit war das Umsteigen zur Stadt- und Straßenbahn wesentlich einfacher geworden. Das alte Gebäude in der Gigergasse wurde abgerissen, um Platz für den zukünftigen Autobusbahnhof zu schaffen. Die Stützmauern zwischen dem Bahnhof Landstraße und dem Rennweg sind ebenfalls neu gestaltet worden. Im Abschnitt zwischen Blamauergasse und Kliebergasse musste eine neue unterirdische Trasse entlang des Gürtels errichtet werden, da der Stegtunnel sanierungsbedürftig war und die alte Trasse der Verbindungsbahn ungünstig lag. Gleichzeitig wurden die Haltestellen Südbahnhof und Südtirolerplatz gebaut. Dies alles geschah im Zusammenhang mit der Neuerrichtung des Wiener Südbahnhofes und dem Ausbau der Gürtelstraße mit dem Autobusbahnhof am Südtirolerplatz. Im Bahnhof Meidling der Südbahn wurden anfangs keine größeren Veränderungen vorgenommen, da die Gleise 4 und 6 bereits von den Zügen der Verbindungsbahn benützt wurden. Die Bahnhöfe Landstraße (Wien-Mitte), Praterstern (Wien-Nord) und Floridsdorf erhielten neue Drucktasten-Stellwerke der Firma Siemens mit automatischem Streckenblock und einer Zugnummernmeldeanlage. Alle Bahnhöfe und Haltestellen wurden mit zuggesteuerten Zugzielanzeigen und Lautsprecheranlagen ausgestattet. In Floridsdorf entstand eine eigene Zugföderungsstelle, in der die Triebwagen für den Schnellbahnverkehr beheimatet sind. Für die Ausbauarbeiten und Beschaffung der Fahrzeuge mussten zwischen 1958 und 1961 rund 800 Millionen Schilling (rund 58,1 Millionen Euro) aufgewendet werden. Bis zum Jänner 1962 wurden etwa 700.000 Kubikmeter Erde bewegt, 160.000 Kubikmeter Beton und 6.500 Tonnen Stahl – ohne Brücken – verarbeitet. Des weiteren wurden 213 Kilometer Gleise mit Fahrleitung versehen und zirka 2.400 Oberleitungsmasten aufgestellt. Rund 42.000 neue Holzschwellen waren für die Gleisneulagen notwendig.

Mit der Einführung des ersten Gemeinschaftstarifes, dem Vorläufer des Verkehrsverbundes, zwischen der ÖBB und der Gemeinde Wien auf der Strecke zwischen Landstraße und Floridsdorf ab dem 17. Mai 1961 mussten auch wieder Bahnsteigsperren zur Kontrolle der Fahrausweise eingerichtet werden. Dieser Gemeinschaftstarif wurde am 18. Jänner 1962 bis Meidling und am 3. Jänner 1967 bis Strebersdorf, Süßenbrunn und Liesing ausgeweitet. Die Bahnsteigsperren ließ man am 1. Oktober 1972 wieder auf.

Mit einem Festakt fand die Eröffnung der Wiener Schnellbahn in der Halle des Wiener Südbahnhofes am 17. Jänner 1962 in Anwesenheit von rund 900 geladenen Ehrengästen statt. Vertreter aus Politik und der ÖBB hielten feierliche Ansprachen. Der damalige Generaldirektor der ÖBB Dr. Maximilian Schantl begrüßte an der Spitze der Ehrengäste Bundespräsidenten Dr. Adolf Schärf, Vizekanzler Dr. Bruno Bittermann, die Präsidenten des Nationalrates Friedrich Hillegeist und Dr. Alfred Maleta, einen Teil der Bundesregierung sowie den Bürgermeister der Stadt Wien Franz Jonas mit einigen Stadträten und den Landeshauptmannstellvertreter von Niederösterreich Viktor Müllner. Im Anschluss daran befuhren die Ehrengäste mit einem Sonderzug, gebildet aus den Schnellbahngarnituren 4030.201 und 4030.202, von der Haltestelle Südbahnhof ausgehend die neuen Schnellbahnstrecken über Meidling und Floridsdorf nach Gänserndorf und Stockerau. Wo immer der Sonderzug hielt, wurde er feierlich begrüßt. Lokale Politiker hielten Ansprachen und die Bevölkerung nahm regen Anteil an diesem Ereignis. Nachmittags begann der fahrplanmäßige Betrieb, allerdings ohne Fahrgäste. Die offizielle Betriebsaufnahme war am 18. Jänner mit Betriebsbeginn. Zwischen Floridsdorf und Meidling bestand ein starrer Viertelstundentakt, nach Gänserndorf und Stockerau wurden Züge im Stundentakt und ab dem 28. Mai 1967 im Halbstundentakt geführt. Vereinzelte Schnellbahnzüge fuhren auch über Meidling hinaus. Anfangs verkehrten auf der Stammstrecke 163 SB-Züge. Eine große Herausforderung für die Wiener Schnellbahn war der Einsturz der Reichsbrücke in den Morgenstunden des 1. August 1976. Bis zur Fertigstellung der beiden Hilfsbrücken im Dezember wurde der Schnellbahnverkehr auf der Strecke zwischen Floridsdorf und Wien-Mitte in einem Drei- bzw. Vierminutenintervall verdichtet. Während dieser Zeit verkehrten auf diesem Streckenabschnitt mehr als 400 Züge. Mit fast jedem Fahrplanwechsel verdichtete man den Schnellbahnverkehr oder weitete ihn aus: ab 1. Juni 1975 ein Zweistundentakt, ab 25. September 1977 tagsüber stündlich nach Wolfsthal, ab 2. September 1994 der Halbstundentakt zum Flughafen, ab 27. Mai 1979 die Verlängerung von Stockerau nach Hollabrunn, ab 25. September 1993 bis

Retz im Stundentakt, ab 25. September 1983 alle 30 Minuten nach Wolkersdorf, jede Stunde nach Mistelbach und noch vieles mehr. In dem so entstandenen Fahrplangefüge war ab dem 23. Mai 1982 zwischen Liesing und Leopoldau ein Viertelstundenintervall und zwischen Floridsdorf und Meidling ein 7,5-Minutenintervall.

Am Gaudensdorfer Gürtel, Landstraßer Gürtel und Radetzkyplatz waren weitere Haltestellen geplant. Diese kamen jedoch aus verschiedenen Gründen nicht zur Realisierung. Die Haltestelle Strandbäder wurde am 22. April 1964 im Zuge der internationalen Gartenschau im Donaupark eröffnet. Sie diente bis zu ihrer Schließung am 24. September 2000 hauptsächlich dem Bäderverkehr zur Alten Donau. Auf dem Streckenstück zwischen Floridsdorf und Jedlersdorf konnte der zweigleisige Betrieb am 23. Juni 1969 aufgenommen werden. Im Zuge dieser Bauarbeiten wurde die Haltestelle Brünner Straße errichtet und am 28. September 1969 ihrer Bestimmung übergeben. Die Errichtung der Haltestelle Matzleinsdorfer Platz setzte den Umbau des Güterbahnhofes Wien-Matzleinsdorf mit der Verlegung der Verbindungsbahngleise an den Gürtel, zwischen Meidling und Kliebergasse, voraus. Sie dient seit ihrer Eröffnung am 28. September 1969 vorwiegend der besseren Verkehrsanbindung der angrenzenden Bezirke. Mit der Eröffnung der Haltestelle Rennweg am 23. Mai 1971 wurde der Personenverkehr am Aspangbahnhof aufgelassen. Die dritte nicht benützte Bahnsteigkante war bereits eine Vorarbeit für eine geplante spätere kreuzungsfreie Einbindung der Flughafenschnellbahn. Dieses Vorhaben wurde aber erst mit dem Neu- und Umbau zwischen 2000 und 2002 verwirklicht. Da die andauernden Intervallverdichtungen die Betriebsabwicklung im Bahnhof Floridsdorf stark behinderte, begann man im Juli 1982 mit dem Umbau der Gleisanlagen zur kreuzungsfreien Anbindung der Nordwestbahn. Diese Bauarbeiten konnten im September 1984 abgeschlossen und die Strecke nach Stockerau auf Linksfahren umgestellt werden. Im Bahnhof Floridsdorf wurde das neue Gleis 5 mit dem dazugehörenden Bahnsteig am 7. Jänner 1992 eröffnet. Die neu errichtete Kassenhalle und der Umbau der Bahnsteige konnten im Dezember 1995 abgeschlossen werden. Mit dem Ausbau der U-Bahn-Linien in Wien begannen 1983 weitere Umbauarbeiten, im Bahnhof Meidling wegen der Errichtung der U6 und im Bahnhof Wien-Mitte im Zusammenhang mit dem Bau der U3. Der Bahnhof Wien-Meidling ist seit Beginn der Umbauarbeit eine Baustelle. So wurde das alte Bahnhofsgebäude entlang der Eichenstraße abgerissen, um Platz für einen Mittelbahnsteig mit zusätzlichem Gleis zu schaffen. Auch die Einbindung der Pottendorfer Linie ist verbessert, und die Bahnsteige sind ausgebaut worden. Im Zuge der Errichtung des Kraftwerkes Freudenau und der Aufstauung der Donau mussten, um die Schifffahrt nicht zu behindern, alle Wiener Brücken gehoben werden. Als erste der beiden Eisenbahnbrücken wurde die Nordbahnbrücke, auch Schnellbahnbrücke genannt, im Sommer 1992 um 2,5 Meter angehoben. Während dieser Zeit war der ganze Schienenverkehr zwischen den Bahnhöfen Floridsdorf und Wien-Nord eingestellt. Als Ersatz verstärkten die Wiener Linien die entsprechenden Straßen- und U-Bahn-Verbindungen und führten die Ersatzstraßenbahnlinie „E“. Auch ein Autobusverkehr zwischen den beiden Bahnhöfen war eingerichtet. Die Haltestelle Handelskai, ursprünglich als Haltestelle Engerthstraße geplant, wurde nach Hebung der Donaubrücke sowie der Verlängerung der S 45 am 4. Mai 1996 ihrer Bestimmung übergeben. Sie ist als Gemeinschaftsbauwerk mit der U-Bahn-Linie U6 ausgeführt und ein sehr frequentierter Umsteigeknoten. Während der Hebung der Ostbahnbrücke im Sommer 1995 wurde ein Großteil des Verkehrs über die Schnellbahnstrecke umgeleitet. Dabei wurden mit durchschnittlich 750 Zugfahrten täglich die Kapazitätsgrenzen fast erreicht. Seit der Wiedereröffnung der Floridsdorfer Hochbahn am 30. Mai 1999 zwischen Jedlersdorf und Leopoldau kann ein Großteil des Güterverkehrs von der Schnellbahn-Stammstrecke ferngehalten werden. Im Zuge des Ausbaues der Flughafenschnellbahn musste die ÖBB-Strecke 91 zwischen der Abzweigung Wien-Aspangbahnhof und dem Bahnhof Klein Schwechat in der Zeit vom 1. Juli 2001 bis zum 14. Dezember 2002 gesperrt werden. Gleichzeitig wurde die Haltestelle Rennweg neu errichtet und in den Jahren 2000 und 2001 jeweils in den Monaten Juli und August für den Fahrgastverkehr geschlossen. Die Züge fuhren aufenthaltslos durch. Während der Streckensperre wurden die Züge nach Wolfsthal vom Südbahnhof Ostseite geführt. Zum Flughafen war ein Ersatzverkehr mit Autobussen ab Simmering eingerichtet. Auf dem Abschnitt zwischen Wien Mitte, Rennweg und der Überleitstelle Mat4SB – vor der Haltestelle Südbahnhof – stand in der Zeit des Umbaus zeitweise nur ein Streckengleis für die Betriebsabwicklung zur Verfügung, daher konnten ab Wien-Mitte nur 302 Schnellbahnzüge täglich geführt werden. Durch genaue Planung wurden alle Arbeiten auf dieser Großbaustelle termingerecht abgeschlossen. Seit dem 1. Oktober 2004 wird der Bahnhof Wien-Nord gänzlich umgebaut. Während die praterseitige Hälfte des aus den 1960er-Jahren stammenden Bahnhofes abgetragen wurde, standen nur mehr die Bahnsteige 1, 2 und 3 für den Betrieb zur Verfügung. Seit dem 18. April 2006 wird der neue Bahnsteig benützt und die stadtseitige Hälfte abgerissen. Bis Ende 2007 sollen alle Arbeiten in der Kassenhalle und an den Bahnsteigen im Bahnhof Wien-Nord abgeschlossen sein. Zwischen dem 8. und 18. April 2006 war die Schnellbahn-Stammstrecke wieder eine Großbaustelle. Die Betriebsführung war zwischen den Bahnhöfen Wien-Nord und Wien-Meidling eingestellt. Nur die S7 fuhr von Flughafen und Wolfsthal kommend bis Wien-Mitte, ebenso der CAT. In Wien-Nord wurde der südliche Weichenbereich umgebaut, und die beiden Streckengleise nach Wien-Mitte wurden erneuert. Im Bereich der Überleitstelle Mat4SB trug man zur Lärmdämmung einen Flüsterbelag auf, die Gleise im Tunnelbereich zwischen den Haltestellen Südbahnhof und Südtiroler Platz wurden erneuert, die Weiche 5 im Bahnhof Wien-Matzleinsdorf wurde ausgewechselt.

Für den Betrieb auf der Wiener Schnellbahn waren von Anfang an elektrische Triebwagen der Reihe 4030.200 mit Vielfachsteuerung und automatischen Türen vorgesehen. Da jedoch bei der Eröffnung nur wenige Garnituren dieser Fahrzeuge vorhanden waren, wurde auf die „Blauen“, Triebwagen der Reihe 4030.0 und 4030.100, die zu diesem Zeitpunkt auf der Westbahn und anderen Strecken in Österreich im Nahverkehr eingesetzt waren, zurückgegriffen. Trotzdem waren in den ersten Betriebswochen nicht genug elektrische Fahrzeuge verfügbar, weshalb bis zu fünf Dieseltriebwagen der Reihe 5154 „Blauer Blitz“ im Schnellbahnverkehr aushelfen mussten. Für die damals 163 verkehrenden Schnellbahnzüge waren immerhin 17 Garnituren notwendig. Mit der Auslieferung weiterer Triebwagenzüge der Reihe 4030.200 in den Jahren 1962 und 1963 wurden die „Blauen“ teilweise wieder für den Einsatz auf anderen Strecken abgegeben. Insgesamt wurden bis 1975 alle 46 Triebwagen dieser Baureihe ausgeliefert. In den Jahren 1972 bis 1975 wurden sie mit einer Mittelpufferkupplung der Bauart „Scharfenberg“ nachgerüstet. Raucher hatten in der Schnellbahn immer schon ein schweres Leben. Mit Fahrplanwechsel zum 28. Mai 1972 änderte man das Verhältnis Raucher/Nichtraucher von 1:1 auf 1:2, bis dann ab dem 2. Juni 1991 das Rauchen in den Schnellbahnzügen gänzlich verboten wurde. Ab November 1973 zierten einige Jahre großflächige Werbungen die Außenflächen der Züge. Zur Modernisierung der Schnellbahntriebwagen wurden 120 neue Garnituren der Reihe 4020 bestellt, die zwischen 1979 und 1987 ausgeliefert wurden. Diese modernen Nahverkehrstriebwagen waren von Beginn an mit Mittelpufferkupplung und automatischen Türen ausgerüstet und prägen heute nicht nur das Bild der Wiener Schnellbahn, sondern werden auch auf vielen anderen Nahverkehrsstrecken in Österreich eingesetzt. Am 17. Jänner 1987 wurde das 25. Jubiläum mit einem Festakt in der Kassenhalle des Bahnhofes Wien-Nord und anschließender Parallelfahrt einer alten und neuen Schnellbahngarnitur zwischen Wien-Nord und Floridsdorf gefeiert. Im Anschluss daran wurden die neue Triebwagenhalle und die Waschanlage in der Zugförderung Floridsdorf der Öffentlichkeit vorgestellt und in Betrieb genommen.

Die letzte Ausfahrt einer Garnitur der ersten Stunden, der 4030.202, war am 12. Dezember 2002 nach fast 42 Jahren in einem Planumlauf Floridsdorf–Meidling–Floridsdorf. Im Anschluss daran fand eine kleine interne Abschiedsfeier in der Triebwagenhalle der Traktion Floridsdorf statt. Der letzte Triebwagen der Reihe 4030 wurde am 31. Dezember 2002 außer Dienst gestellt. Die neueste Generation von Nahverkehrstriebwagen der Reihe 4024, Talent genannt, steht seit dem 14. Dezember 2004 im Einsatz. Diese Fahrzeuge verkehrten nicht nur auf den Strecken der Wiener Schnellbahn, sondern werden im Nahverkehr in ganz Österreich, auch in verkürzter Ausführung mit der Bezeichnung 4023, eingesetzt.

1

Die Reaktivierung der Strecken und der Umbau zur Schnellbahn

So präsentierte sich der alte Bahnhof Floridsdorf im Sommer 1959. Bis zur Wiederaufnahme des Verkehrs nach Wien-Nord war Floridsdorf Ausgangs- und Endbahnhof des bescheidenen Zugverkehrs in der Nachkriegszeit auf der Nordbahn.

Im Sommer 1958 wurden auch im Bahnhof Floridsdorf die Bauarbeiten aufgenommen. Das Bild zeigt die Vorarbeiten zur Errichtung der Stützmauer im Bereich der Angererstraße. Im Hintergrund das neue Zentralstellwerk.

So weit ist der Baufortschritt des neuen Zentralstellwerks Floridsdorf im Sommer 1958. Im Vordergrund die provisorisch hergerichtete Brücke über die Angererstraße.

So zeigte sich die Baustelle auf dem Franz-Jonas-Platz im Herbst 1958. Die Brücke über die Schlosshoferstraße wurde gerade errichtet.

Im Frühjahr 1959 fährt ein Straßenbahnzug der Type „Z“, im Volksmund „Amerikaner“ genannt, unter der fertigen Brücke über die Schlosshoferstraße durch. Rechts, neben der Brücke, ist der alte Bahndamm zu erkennen.

Der Baufortschritt des Aufnahmegebäudes Floridsdorf am 17. Juni 1961 von der Gleisseite aus gesehen. Die Abfertigung der Reisenden fand bis zur Eröffnung der Schnellbahn im alten Bahnhof statt.

Das Aufnahmegebäude Floridsdorf im November 1961 von der Straßenseite aus gesehen. Sehr markant war der Glasvorbau. Im Vordergrund sind die Schleifengleise der Straßenbahn zu erkennen.

Die Innenansicht des Aufnahmegebäudes Floridsdorf im November 1961. Links waren die Fahrkartenschalter, daneben die Reisegepäckabgabe und die Gepäckaufbewahrung. Hinter der Glastüre befanden sich damals eine Trafik und ein Friseur.

Langsam nahm der Bahnhof Floridsdorf Gestalt an. Die Gleise waren bereits verlegt und man konnte die Bahnsteige erkennen. Am 23. September 1961 durchfuhr ein Personenzug auf Gleis 2 die Baustelle, um beim alten Bahnhof einen Halt einzulegen.

Die Fertigstellungsarbeiten an den Bahnsteigen in Floridsdorf im November 1961. Das Bahnsteigdach bestand aus den am Bahnsteig aufgestellten Blechrollen. Sie hatten den Vorteil, sehr leicht zu sein, waren aber sehr windanfällig. Es kam öfters vor, dass eine starke Windböe einzelne Teile losriss und auf die Fahrleitung warf.

Die Brücke über die Angererstraße und die Stützmauern in diesem Bereich waren bereits am 8. September 1960 fertig. Links erkennt man die angeschütteten Bahnsteige des alten Bahnhofes, dahinter zwei Gepäckwagen. In der Bildmitte ein Teil des Frachtenbahnhofes, die sogenannte „Grube", wo reger Güterumschlag herrscht.

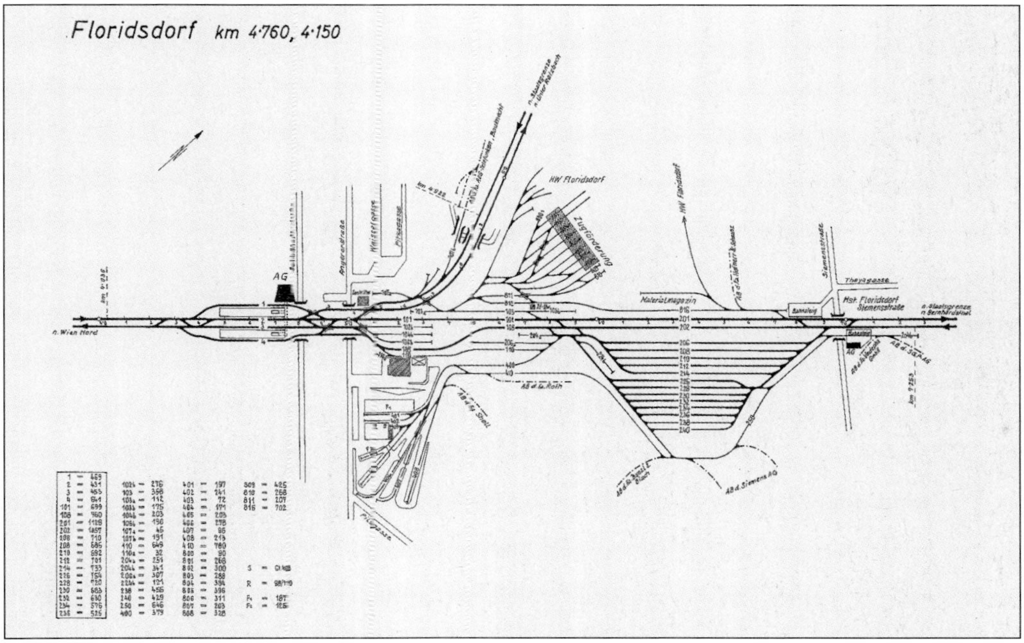

So sah die Gleisanlage des Bahnhofes Floridsdorf nach der Inbetriebnahme der Schnellbahn aus. Auf der Nordbahn galt bereits der Linksverkehr, nach Stockerau allerdings noch Rechtsverkehr, jedoch schon zweigleisig, da der Lageplan aus dem Jahre 1970 stammt. Interessant ist auch die Weichenstraße im Bereich des Zentralstellwerkes.

Das baulich fertiggestellte Zentralstellwerk in Floridsdorf, aufgenommen am 8. September 1960. Die Sockelverkleidung ist mit Spaltbetonsteinen ausgeführt. Die Inbetriebnahme fand erst am 15. Jänner 1962 statt.

Das Bild zeigt den Kommandotisch am Zentralstellwerk. Vor dem Fahrdienstleiter ist die Zugnummernmeldeanlage mit Uhr, über die er die Züge in seinem Stellbereich verfolgen kann. Rechts oben steht das „Dispo-Telefon“. Im Schreibtisch links befindet sich die Steuereinheit für die Zugzielanzeige auf den Bahnsteigen. Im Hintergrund rechts sind die anderen Telefonverbindungen.

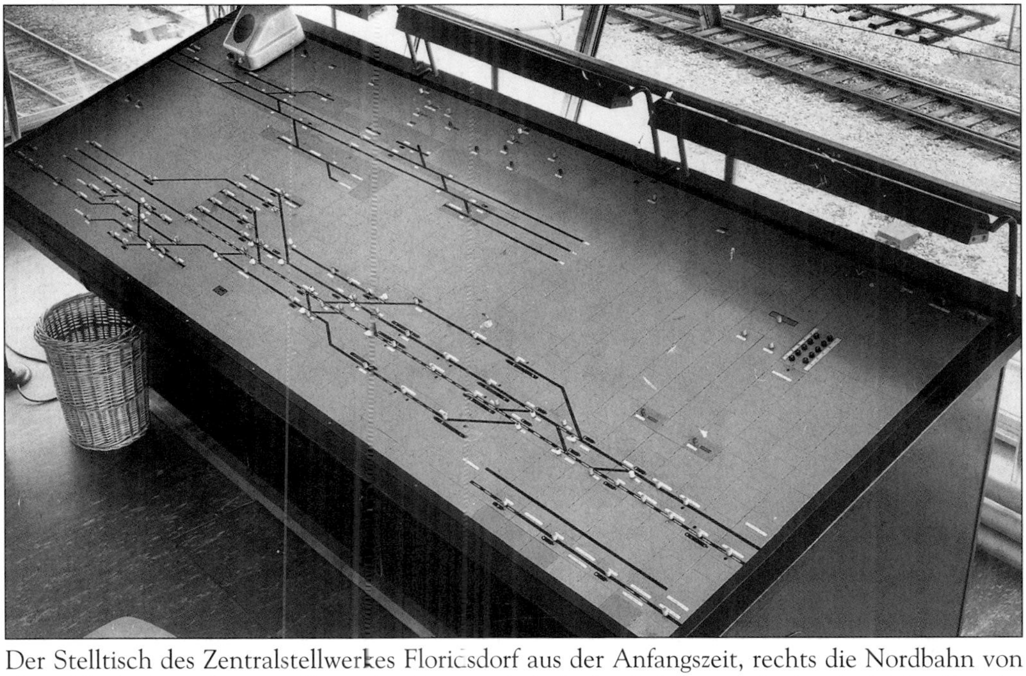

Der Stelltisch des Zentralstellwerkes Floridsdorf aus der Anfangszeit, rechts die Nordbahn von Wien-Nord, dann die vier Gleise des Personenbahnhofes, links ist noch die eingleisige Strecke nach Jedlersdorf zu erkennen. Links oben die Ausleuchtung der Hauptgleise des Frachtenbahnhofes, der nicht vom Zentralstellwerk aus gesteuert wurde.

Das fertige Aufnahmegebäude des Bahnhofes am Franz-Jonas-Platz. Im Gleisgeschoss waren Büroräume des Bahnhofes sowie Aufenthaltsräume untergebracht. Im ersten Stock befanden sich Übernachtungszimmer der Zugbegleiter.

Der neue Bahnhof wurde gleichzeitig mit dem Zentralstellwerk am 15. Jänner 1962 in Betrieb genommen. Dieses Bild zeigt den damals viergleisigen Bahnhof am Eröffnungstag.

Die bereits fertige Brücke über die Straße An der oberen Alten Donau in Floridsdorf im Frühjahr 1959.

Ein bunt zusammengewürfelter Personenzug, gezogen von einer Lokomotive der Reihe 75, auf der neuen Wasserparkbrücke über die Alte Donau kurz nach der Betriebsaufnahme im Juni 1959.

Die Trasse der Nordbahn im Frühjahr 1959. An dieser Stelle wurde einige Jahre später die Haltestelle Strandbäder errichtet. Links ist die Brücke über die Alte Donau zu erkennen.

Die 52.7574 und 657.2558 ziehen einen langen Güterzug auf der Brücke über das Überschwemmungsgebiet am 6. Juli 1959 von Wien-Nord Frachtenbahnhof nach Floridsdorf. Interessanterweise sind die Fahrleitungsmasten bereits aufgestellt.

Durch eine Kostenbeteiligung der Gemeinde Wien konnte auch ein Fußgängersteg auf der stromabwärts liegenden Seite der Donaubrücke errichtet werden. Darunter waren Versorgungsleitungen für Gas, Wasser und Strom verlegt.

Zwischen 1954 und 1957 wurde die durch Kriegseinwirkung zerstörte Donaubrücke wieder hergestellt. Sie gliedert sich in die Kai-, Strom- und Vorflutbrücken. Die fünf Kaitragwerke erhielten neue Fundamente, für die vier neuen Stromtragwerke sanierte man die Pfeiler und errichtete neue Auflagerbänke. Die Aufnahme entstand am 28. Februar 1959.

Im November 1957 nahm der damalige Verkehrsminister Dipl.-Ing. Waldbrunner den letzten Nietenschlag auf der neuen Donaubrücke vor. Das Bild zeigt die Brücke am 16. September 1961 mit fertiggestellter Fahrleitung.

Mitte der 1950er-Jahre waren die Straßenbahngleise der Linie 11 wiederhergestellt. Hier fährt gerade ein Straßenbahnzug unter der noch zerstörten Eisenbahnbrücke über die Engerthstraße durch. Beachtenswert sind die eisernen Stützsäulen, auf denen die Konstruktion aufliegt.

An den Stützmauern für die Errichtung der Haltestelle Traisengasse wurde im Frühjahr des Jahres 1958 gearbeitet. Die Häuser im Hintergrund stehen an der Donaueschingenstraße.

Die Brücke über die Traisengasse ist bereits fertig. Im Vordergrund wird an den Holzschallungen für die Stützmauern gearbeitet.

An der Herstellung der Brücke über die Innstraße wurde im Frühjahr 1958 gearbeitet. Hinter dem Schutthaufen am Bahndamm ist das alte Stellwerk I zu erkennen.

Das Modell zeigt den neuen Bahnhof Praterstern. Die beiden Häuser links sollten ein Dienstgebäude und ein Wohnhaus werden. Doch während des Baues wurde umgeplant, und aus dem Wohnhaus entstand mit gleicher Fassade wie das Dienstgebäude die Zentralschule Wien.

Im Jänner 1955 begannen die Abbrucharbeiten an einzelnen zerstörten Gebäuden des alten Nordbahnhofes, wie dem Zollamtsgebäude und dem Fiakerhof. Beachtenswert auf diesem Foto sind die damals verwendeten Bagger.

Im Sommer 1955 konnten die Bauarbeiten in allen sieben Bauabschnitten, in die der Bahnhof unterteilt war, begonnen werden. Das Bild zeigt den Baufortschritt am 24. September 1955. Ein Güterzug fährt gerade über die alten Viadukte in den Frachtenbahnhof ein.

Der Baufortschritt des neuen Bahnhofes Praterstern am 15. April 1956. Der Kreisverkehr war bereits fertig und auch das Riesenrad drehte sich wieder. Die Wiederinbetriebnahme nach dem Krieg war am 25. Mai 1947.

So präsentiert sich der Bahnhof am 28. Mai 1959, kurz vor der Betriebsaufnahme. Hinter dem Straßenbahnzug der Linie 5, zwischen den beiden Bäumen ist die Holzbaracke des provisorischen Bahnhofsgebäudes zu erkennen, in dem die Personenkasse und der Warteraum untergebracht waren.

So weit waren am 20. August 1959 die Bauarbeiten am neuen Zentralstellwerk und der Verschubunterkunft fortgeschritten. Das Stellwerk wurde am 25. Mai 1961 in Betrieb genommen.

Wenige Tage nach der provisorischen Betriebsaufnahme am 7. Juni 1959 wurde dieses Bild aufgenommen. Zur Abwicklung des damals bescheidenen Verkehrs standen nur drei Gleise zu Verfügung.

Die 77.28 zieht einen stattlichen Personenzug am 6. Juli 1959 über die frisch sanierten Viadukte der Verbindungsbahn in Richtung Donaukanalbrücke.

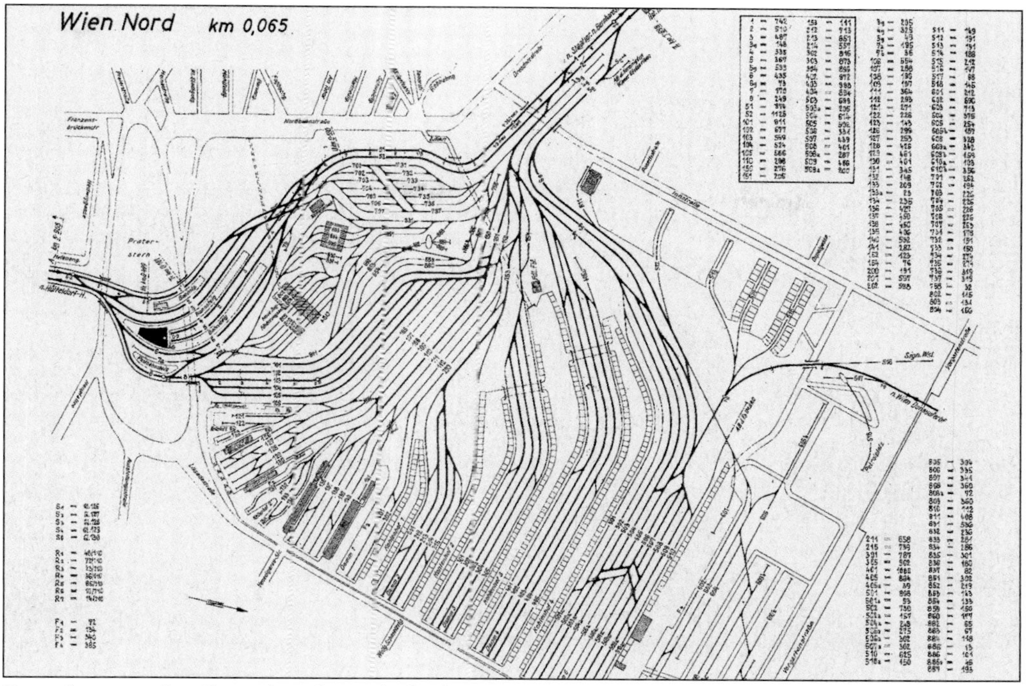

Ein schematischer Lageplan des Bahnhofes Wien-Nord aus dem Jahre 1975. Interessant ist die Weichenstraße beim Zentralstellwerk.

Durch die nötige Geldmittelzuweisung konnte der Bau zügig voranschreiten. Hier ist der Baufortschritt am Personenbahnhof am 25. Juni 1960 zu sehen. Am zukünftigen Schnellbahnbahnsteig war das Bahnsteigdach bereits fertig, an den anderen Bahnsteigen wurde noch mit Hochdruck gearbeitet.

In den Jahren von 1957 bis 1959 wurde die Brücke über den Donaukanal erbaut. 1957 wurde die von den russischen Eisenbahnpionieren im Mai 1945 errichtete hölzerne Hilfsbrücke gesprengt. Im Vordergrund sind noch einige Reste zu erkennen.

Die fertige Donaukanalbrücke, aufgenommen im Mai 1959, noch ohne Fahrleitung. Auf der Brücke waren bereits beide Gleise, auf den Viadukten nur das linke, spätere Gleis 2 verlegt.

Im Sommer/Herbst 1959 zog eine Lokomotive der Reihe 75 einen Personenzug vom Bahnhof Hauptzollamt kommend über die Donaukanalbrücke. Der zweigleisige Betrieb zum Nordbahnhof konnte am 25. Jänner 1960 um 15.48 Uhr aufgenommen werden.

Die Viadukte der Verbindungsbahn wurden für die neuen Belastungen generalsaniert. Das Bild zeigt diese Arbeiten am 22. Dezember 1959 in Höhe des Radetzkyplatzes mit Blickrichtung zum Donaukanal. Die gleichnamige Haltestelle wurde nicht mehr reaktiviert.

Das provisorische Einfahrsignal des Bahnhofes Hauptzollamt. Am 22. Dezember 1959 waren die Sanierungsarbeiten in Richtung Bahnhof bereits beendet.

So sah der Bahnhof Hauptzollamt im Jahre 1957 aus. Im Vordergrund ist die Brücke der Landstraßer Hauptstraße über den Bahnhofsbereich zu sehen. Nach der Beendigung der Kampfhandlungen, Anfang Mai 1945, hatte der Bahnhof nur wenige Schäden an der Gleisanlage.

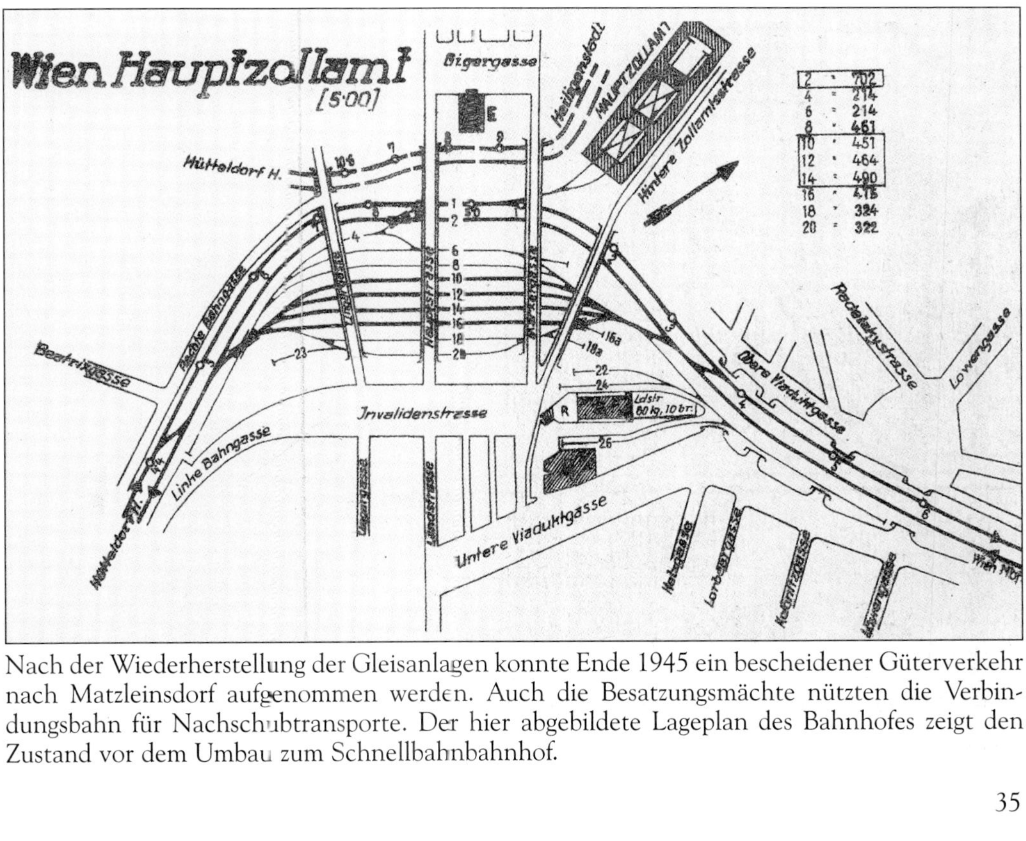

Nach der Wiederherstellung der Gleisanlagen konnte Ende 1945 ein bescheidener Güterverkehr nach Matzleinsdorf aufgenommen werden. Auch die Besatzungsmächte nützten die Verbindungsbahn für Nachschubtransporte. Der hier abgebildete Lageplan des Bahnhofes zeigt den Zustand vor dem Umbau zum Schnellbahnbahnhof.

Die Bahnsteige des Bahnhofes Hauptzollamt im März 1957. In den beiden Gebäuden im Vordergrund waren Verschub, Transit, die Fahrdienstleitung und andere Diensträume untergebracht. Der Zaun links dient als Abgrenzung zur elektrischen Stadtbahn.

Am 6. April 1957 begegnen sich ein alter und ein neuer Stadtbahnzug bei der Station Landstraße.

Ab Juni 1946 konnte auf der ehemaligen Preßburgerbahn der Personenverkehr nach Groß Schwechat und Wolfsthal in bescheidenem Umfang aufgenommen werden. Am 6. April 1957 fuhr der 3071.05 mit einem Personenzug vom Bahnhof Hauptzollamt aus. Interessant ist die Vielfalt der unterschiedlichen Reisezugwagen.

Der markante gedeckte Bahnsteigübergang zum Aufnahmegebäude in der Gigergasse hatte den Krieg unbeschädigt überstanden. Die Umbauarbeiten im Bahnhof Hauptzollamt begannen nach Abschluss der endgültigen Planungen am 5. August 1958.

Die Baustelle am 4. Oktober 1958 von der Marxerbrücke aus gesehen, rechts die beiden Gleise der elektrischen Stadtbahn und links das schöne Gebäude der Großmarkthalle.

Die Großbaustelle Hauptzollamt am 29. Oktober 1958. Gut zu erkennen sind die beiden alten Bahnsteige, die von der Stadtbahn benützt werden. Darüber das im Zuge des Stadtbahnbaues im Jahre 1898 errichtete Aufnahmegebäude. Über dem Rauch der Lokomotive sieht man die alten Gebäude des Hauptzollamtes.

Die Fundamentierungsarbeiten für die Überbauung des neuen Schnellbahnhofes waren am 17. Februar 1959 schon voll angelaufen. Die alten Gebäude und Bahnsteige wurden geschliffen. Auch das im Jugendstil errichtete Aufnahmegebäude fiel der Spitzhacke zum Opfer.

Im Jahre 1936 wurden im Bahnhof Hauptzollamt die Formsignale bereits durch Lichtsignale ersetzt. Das Bild zeigt die südliche Ausfahrt in Richtung Rennweg im Dezember 1957. Vor der Beatrixbrücke ist links das alte Stellwerk 1 zu sehen.

Langsam nahm die Überbauung des Bahnhofes Gestalt an. Am 12. September 1959 fuhr ein Straßenbahnzug auf der Landstraßer Hauptstraße über den Bahnhof. Zu diesem Zeitpunkt stand noch das Bürgertheater in der Bildmitte hinten.

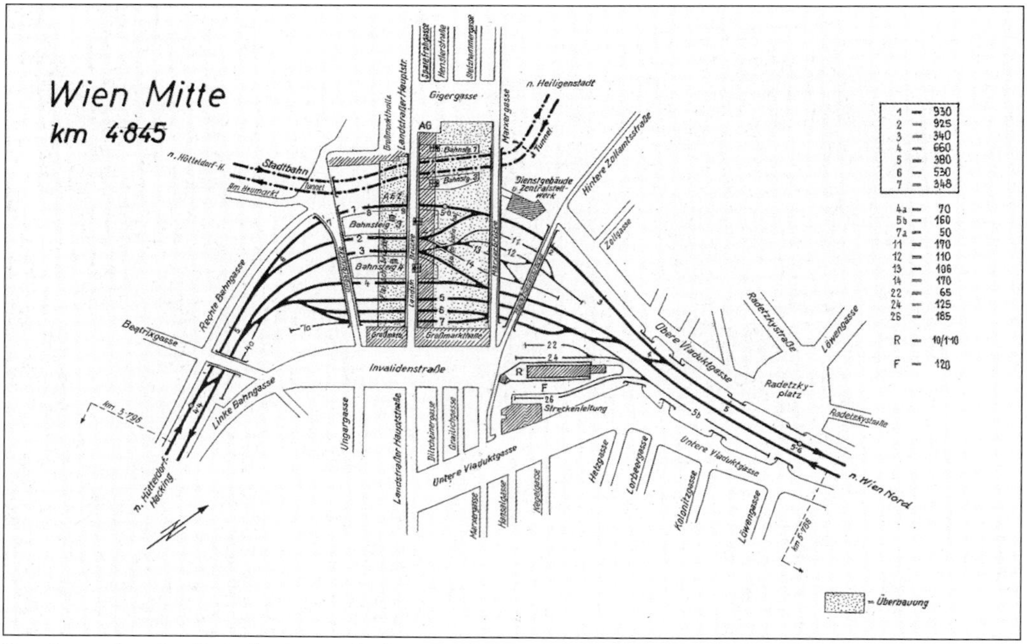

Der Lageplan des Bahnhofes nach dem Umbau. Es wurden zwei Richtungsbahnsteige errichtet. Auf den Gleisen 11, 12, 13 und 14 wendeten die Pressburgerbahnzüge. Diese wurden jedoch schon bald bis zum Bahnhof Praterstern verlängert. Die Gleise 5, 6 und 7 dienten dem Güterverkehr.

Im Sommer 1960 war die Überbauung schon weit fortgeschritten. Ein Dieseltriebwagen, von der Aspangbahn kommend, fuhr in Richtung Praterstern aus, rechts sieht man die Gleise der Stadtbahn.

Das neue Betriebsgebäude mit dem Zentralstellwerk, das zwischen der Marxerbrücke und der Brücke der Hinteren Zollamtsstraße errichtet wurde, konnte am 29. März 1960 bezogen werden. Am rechten Bildrand sind die Baracke der Bauleitung und dahinter das alte Zollamt zu sehen.

Das neue Zentralstellwerk des Bahnhofes: 1. Die Sicherungsanlage Bauart DrS der Firma Siemens wurde am 4. Dezember 1961 um 7:12 Uhr in Betrieb genommen, 2. Die Zugnummernmeldeanlage, 3. Die Steuerung der Zugziele am Bahnsteig.

So modern erstrahlte die Kassenhalle des neuen Bahnhofes Landstraße im Jahre 1962. Rechts bei den Stiegenabgängen sind die Kojen der Sperrschaffner zu erkennen.

Das Bild zeigt die Ungarbrücke am 5. September 1959. Dahinter ist das Stellwerk 1 zu sehen, auf den Bahnsteigen ist der Bahnhofname noch mit „Wien Hauptzollamt“ angeschrieben. Die Änderung auf Bahnhof Landstraße erfolgte am 15. Jänner 1961.

Die Elektrifizierungsarbeiten im Bahnhofbereich begannen am 20. Oktober 1961 und wurden am 15. Jänner 1962 mit dem Einschalten der Fahrleitung beendet. Der Gepäcktriebwagen 4061.04, später 1046.04, steht anlässlich einer Probefahrt am 15. Jänner 1962 auf Gleis 4.

Hier befindet sich ungefähr die Haltestelle Rennweg. Am 24. März 1957 fuhr die 92.2258 mit einem Personenzug in Richtung Wien-Aspangbahnhof.

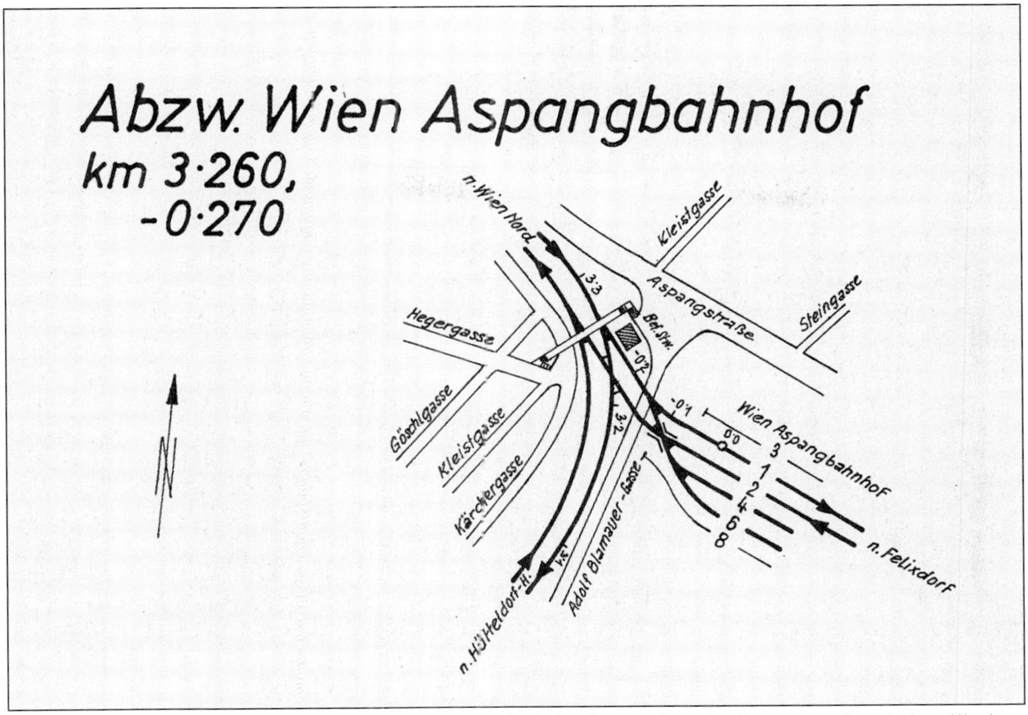

Der Lageplan der Abzweigung Wien-Aspangbahnhof aus der Anfangszeit des Schnellbahnbetriebes. Bis zur Abtragung der Gleise hatte sich hier nicht viel verändert.

Die neue Trasse der Verbindungsbahn mit dem Tunnelportal des Südbahnhoftunnels, aufgenommen am 8. Dezember 1961. In diesem Bereich wurde der Schweizergarten um rund 12.500 Quadratmeter vergrößert. Die alte Trasse zweigte beim Fahrleitungsmast im Vordergrund nach links ab, um die vor dem Arsenal gelegene gleichnamige Haltestelle zu erreichen.

Obwohl der im Zweiten Weltkrieg beschädigte alte Wiener Südbahnhof wieder hergerichtet wurde, musste er dem großzügigen Neubau weichen. Am 4. März 1956 war man mit der Abtragung des Hallendaches beschäftigt.

Der Markuslöwe am Dach des alten Wiener Südbahnhofes symbolisiert die Verbindung Wiens mit Venedig. Jetzt steht diese Skulptur in der Kassenhalle des Bahnhofes. Schön zu erkennen ist auch, wie weit der neue Bahnhof in Richtung Schweizergarten verlegt wurde.

Die ausgebaute und neu gestaltete Gürtelstraße mit dem neuen Wiener Südbahnhof. Über den Bahnsteigdächern ist noch ein Teil des alten Staat- oder Ostbahnhofes zu sehen. Im Vordergrund stehen in diesem Bereich des Gürtels noch Bäume.

Die unter dem Gürtel liegende Haltestelle Südbahnhof einige Tage vor der Eröffnung. Von hier gelangen die Reisenden bequem über Rolltreppen in die Kassenhalle des neuen Süd- und Ostbahnhofes. Früher waren dafür lange Fußwege vom Bahnhof Favoriten oder der Haltestelle Arsenal notwendig.

Ganz neu war die Einrichtung der automatischen Zugzielanzeige. Seinerzeit waren lediglich eiserne Tafeln am Bahnsteig mit dem Ziel des Zuges und dem Kurswagenlauf aufgestellt. Das Bild zeigt eine Zugzielanzeige in der Haltestelle Südbahnhof, Anfang Jänner 1962.

Die Haltestelle Südtiroler Platz, hier Anfang Jänner 1962, wurde als unterirdisches Verkehrsbauwerk angelegt. Es bestand die Umsteigemöglichkeit zu Straßenbahn- sowie Autobuslinien und auch zum Nahverkehr des Kraftwagendienstes der ÖBB.

2

Die festliche Eröffnung am 17. Jänner 1962

In der Halle des Südbahnhofes fand am 17. Jänner 1962 der Festakt der Eröffnungsfeier der Wiener Schnellbahn statt. Dazu spielte auch die Eisenbahn-Musikkapelle auf. Im Vordergrund steht eines der beiden Schiffsmodelle, die in den 1960er-Jahren ausgestellt waren.

Der damalige Generaldirektor der ÖBB, Dr. Maximilian Schantl, hielt vor einem Plan, der die Streckenführung der Schnellbahn zeigt, eine Festrede und begrüßte die Gäste zu diesem Festakt.

ZUR FEIERLICHEN INBETRIEBNAHME

DER WIENER SCHNELLBAHN UND DER ELEKTRIFIZIERTEN

NAHVERKEHRSSTRECKEN FLORIDSDORF - GÄNSERNDORF - STOCKERAU

DURCH DEN

HERRN BUNDESPRÄSIDENTEN

AM MITTWOCH, DEN 17. JÄNNER 1962, UM 9 UHR 30

EINZULADEN.

PROGRAMM LIEGT BEI

U. A. W. G. 7292 / 4211
57 56 41 / 41

IM HINBLICK AUF DIE ANWESENHEIT DES HERRN BUNDESPRÄSIDENTEN WIRD GEBETEN,
BIS **9 UHR 20** IN DER HALLE DES WIENER SÜDBAHNHOFES PLATZ NEHMEN ZU WOLLEN.

Die Innenseite der Ehreneinladung zum Festakt am 17. Jänner 1962.

Für einen Großteil der geladenen Ehrengäste waren Sitzgelegenheiten aufgestellt. Bundespräsident Dr. Adolf Schärf nahm in einem thronartigen Sessel Platz.

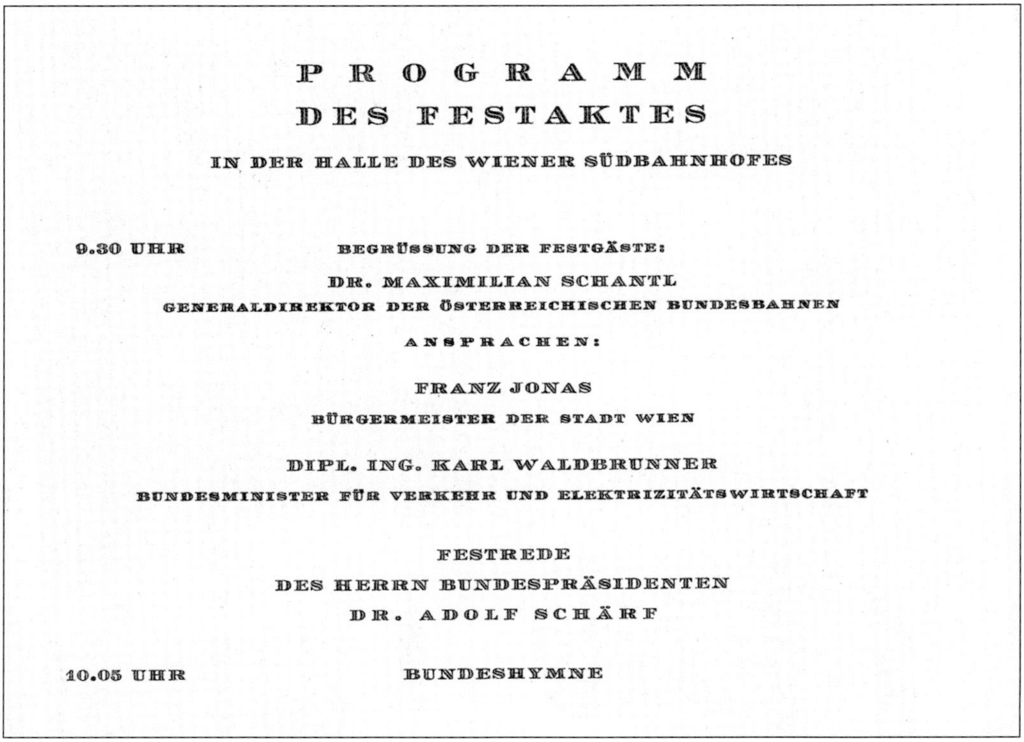

PROGRAMM

DES FESTAKTES

IN DER HALLE DES WIENER SÜDBAHNHOFES

9.30 UHR BEGRÜSSUNG DER FESTGÄSTE:

DR. MAXIMILIAN SCHANTL

GENERALDIREKTOR DER ÖSTERREICHISCHEN BUNDESBAHNEN

ANSPRACHEN:

FRANZ JONAS

BÜRGERMEISTER DER STADT WIEN

DIPL. ING. KARL WALDBRUNNER

BUNDESMINISTER FÜR VERKEHR UND ELEKTRIZITÄTSWIRTSCHAFT

FESTREDE

DES HERRN BUNDESPRÄSIDENTEN

DR. ADOLF SCHÄRF

10.05 UHR BUNDESHYMNE

Das Programm des Festaktes, das der Einladung beigelegt war.

Bundespräsident Dr. Adolf Schärf und der Verkehrsminister Dipl. Ing. Karl Waldbrunner, schreiten den Eröffnungszug ab. Stellenweise war sogar ein „roter Teppich“ ausgelegt.

Der geschmückte Eröffnungszug der Wiener Schnellbahn, gebildet aus den Garnituren 4030.201 und 4030.202, stand am Bahnsteig 2 in der neuen Haltestelle Südbahnhof bereit.

PROGRAMM

DER FEIERLICHEN INBETRIEBNAHME DER

WIENER SCHNELLBAHN

UND DER

ELEKTRIFIZIERTEN NAHVERKEHRSSTRECKEN
FLORIDSDORF - GÄNSERNDORF - STOCKERAU

10.10 Uhr	Station Südbahnhof	Begrüßung durch den Herrn Bezirksvorsteher Karl WRBA
10.15 Uhr	Abfahrt des Eröffnungszuges	
10.20 Uhr	Station Meidling	Begrüßung durch den Herrn Bezirksvorsteher Wilhelm HRADIL
10.30 Uhr	Abfahrt Meidling	
10.38 Uhr	Station Landstraße (Hauptzollamt)	Begrüßung durch den Herrn Bezirksvorsteher Franz SEITLER
10.45 Uhr	Abfahrt Landstraße (Hauptzollamt)	
10.48 Uhr	Station Praterstern	Begrüßung durch den Herrn Bezirksvorsteher Hubert HLADEJ
10.55 Uhr	Abfahrt Praterstern	
10.57 Uhr	Station Traisengasse	Begrüßung durch den Herrn Bezirksvorsteher Franz KOBLIZKA
11.02 Uhr	Abfahrt Traisengasse	
11.05 Uhr	Station Floridsdorf	Begrüßung durch den Herrn Bezirksvorsteher Rudolf HITZINGER
11.12 Uhr	Abfahrt Floridsdorf	
11.32 Uhr	Station Gänserndorf	Begrüßung durch den Herrn Bürgermeister LA Josef GRAF und den Herrn Landeshauptmann-Stellvertreter Dr. Otto TSCHADEK
11.42 Uhr	Abfahrt Gänserndorf	
12.20 Uhr	Station Stockerau	Begrüßung durch den Herrn Landtagspräsidenten Bürgermeister Josef WONDRAK und den Herrn Landeshauptmann von N. Ö. Ökr. Johann STEINBÖCK
12.30 Uhr	Abfahrt Stockerau und Rückfahrt nach Wien	
12.52 Uhr	Ankunft Station Landstraße-Hauptzollamt.	

Der Fahrplan des Eröffnungszuges der Wiener Schnellbahn mit allen Aufenthalten und Festrednern.

Der Bezirksvorsteher von Favoriten Karl Wrba begrüßte den Bundespräsidenten und den Verkehrsminister beim Zug. Schon damals herrschte reges Medieninteresse.

Dieses Foto wurde während der Durchfahrt des Eröffnungszuges in der Haltstelle Südtiroler Platz aufgenommen. Auch die Bevölkerung nahm regen Anteil an dem Ereignis.

Im Bahnhof Meidling wurde der Zug bereits erwartet und vom Bezirksvorsteher Wilhelm Hradil empfangen. Der Polizeikommandant von Meidling meldete sich vorschriftsmäßig beim Bundespräsidenten.

Der Eröffnungszug erreichte pünktlich den Bahnhof Landstraße. Vergleichen Sie die Uhr am Bahnsteig mit dem Fahrplan. Auch hier drängten sich die Einwohner der Landstraße am Bahnsteig.

Begrüßung der Ehrengäste durch den Bezirksvorsteher Franz Seitler im neuen Bahnhof Landstraße. Links im Bild steht der damalige Bahnhofvorstand BB-Inspektor Adolf Krista.

Nicht einmal bei einer Schnellbahnstörung herrscht ein derartiges Gedränge am Bahnsteig, wie es während des Aufenthaltes des Eröffnungszuges der Fall war.

Nach dem offiziellen Teil verließ der Sonderzug den Bahnhof wieder in Richtung Praterstern. Links fährt ein Stadtbahnzug, rechts steht ein Dieseltriebwagen der Reihe 5046 auf Gleis 3.

Der geschmückte Eröffnungszug hatte den Bahnhof Praterstern erreicht. Links neben der Schnellbahngarnitur steht noch die Ruine des alten Nordbahnhofes. Daneben das Gebäude der Bundesbahndirektion Wien, das im Jahre 1872 als Hotel „Donau“ erbaut wurde und seit etwa 1880 als Bürogebäude der Eisenbahnverwaltung verwendet wird.

Im Bahnhof Praterstern wurden die Festgäste mit Blumen begrüßt. Der Bahnsteig 1 war den geladenen Gästen vorbehalten, die jubelnde Bevölkerung versammelte sich am Fernbahnsteig dahinter.

Auch hier hielt Bezirksvorsteher Hubert Hladej eine kurze Ansprache. Der Verkehrsminister war sichtlich gut gelaunt. Auch Vertreter von Polizei und Eisenbahn waren anwesend.

Pünktlich um 10.55 Uhr verließ der Sonderzug den Bahnhof Praterstern. Beim Weichenposten 2 schauten einige Eisenbahner fasziniert der neuen Traktionsart nach. Wenige Augenblicke später fuhr ein Personenzug, gezogen von einer Dampflokomotive, in den Bahnhof ein.

Auch hier in der Haltestelle Traisengasse wurde der Zug von zahlreichen Schaulustigen stürmisch begrüßt. Den fünfminütigen Aufenthalt nutzte der Bezirksvorsteher Franz Koblizka zu einer kurzen Ansprache.

Nach dem Überqueren der Donaubrücke erreichte der Eröffnungszug den Bahnhof Floridsdorf. Am geschmückten Bahnsteig herrschte wie überall großes Gedränge und der politische Vertreter des Bezirkes Rudolf Hitzinger begrüßte die Ehrengäste des Sonderzuges.

Der Eröffnungszug verließ Floridsdorf und fuhr auf der Nordbahn nach Gänserndorf. Im Hintergrund ist das neue Zentralstellwerk zu erkennen.

Nach einer Fahrzeit von nur 20 Minuten erreichte der Eröffnungszug den Bahnhof Gänserndorf. Auf den Außenstrecken nach Gänserndorf und Stockerau wurden keine eigenen Bahnsteige für die Schnellbahnzüge errichtet, sondern die normalen, damals üblichen Erdbahnsteige mitbenützt.

Auch der Bahnhof Gänserndorf war festlich geschmückt. Der Eröffnungszug wurde von Bürgermeister Josef Graf und Landeshauptmann-Stellvertreter Dr. Otto Tschadek begrüßt.

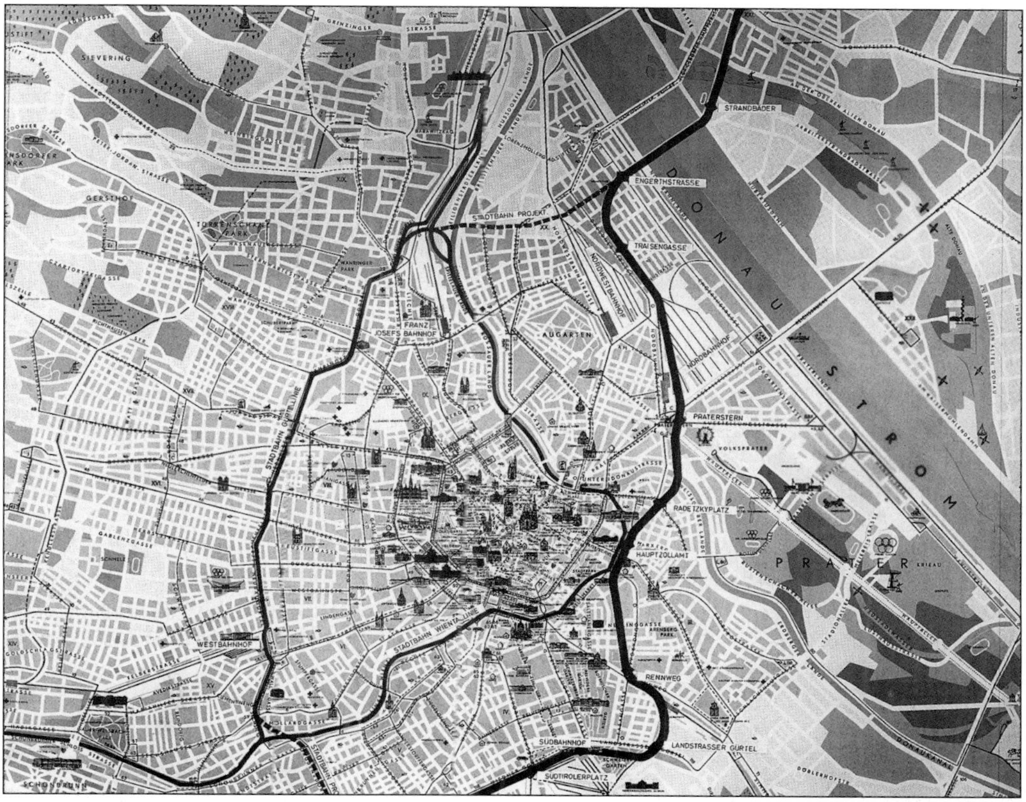

Während der Sonderzug von Gänserndorf über Floridsdorf nach Stockerau unterwegs war, hatten die Festgäste im Zug ausreichend Zeit, die Streckenführung der Schnellbahn durch das Stadtgebiet von Wien zu studieren. Auf diesem Plan sind auch die Stadtbahnstrecken und die geplanten Ausbauten der Stadtbahn eingezeichnet.

Der Eröffnungszug nahm zum Stürzen im Bahnhof Floridsdorf einige Minuten Aufenthalt, um anschließend die Fahrt nach Stockerau fortzusetzen. Der große Publikumsansturm war vorbei, trotzdem warteten einige verwegene Fotografen am Bahnsteig.

Auch im Bahnhof Stockerau wurde der Zug stürmisch empfangen. Zum Schutz sicherte die Gendarmerie den Bahnsteig und den einfahrenden Zug.

Die Ehrengäste wurden vom Landtagspräsidenten und Bürgermeister von Stockerau, Josef Wondrak, und dem niederösterreichischen Landeshauptmann Johann Steinböck herzlich begrüßt. Nach zehnminütigem Aufenthalt fuhr der Sonderzug zurück nach Wien und ließ die Ehrengäste in der Station Landstraße aussteigen.

3

Der Betrieb der ersten Jahre

Hier fährt Mitte der 1960er-Jahre eine Einfachgarnitur eines Schnellbahnzuges, heute Kurzzug genannt, von Gänserndorf kommend in Höhe von Stellwerk 1 des Frachtenbahnhofes Floridsdorf in Richtung Stammstrecke.

Ein Schnellbahnzug mit dem typischen orangen „Spitz“ und dem Flügelrad an den Stirnseiten in Floridsdorf auf Gleis 1 kurz vor der Einziehfahrt in die Zugförderung. Die Garnitur 4030.205 absolvierte am 19. April 1962 die Abnahmefahrt und wurde in Dienst gestellt.

Ein von der Westbahn ausgeborgter 4030.0, einfahrend auf Gleis 3. An den Stirnseiten dieser Serie war nur das Flügelrad angebracht, ohne Spitz.

Lange Zeit sahen so die Abfahrtstafeln auf den Bahnsteigen aus. Bei zweimaligem Fahrplanwechsel pro Jahr war das Ändern dieser Tafeln eine sehr zeitaufwendige Angelegenheit.

Die damals moderne Zugzielanzeige aus der Anfangszeit der Wiener Schnellbahn. Mitte der 1980er-Jahre wurden diese Anzeigen durch Palettenanzeiger ausgetauscht. Zurzeit ist bereits die zweite Generation von elektronischen (LCD)-Anzeigern in Verwendung.

Das am 21. Februar 1964 aufgenommene Bild zeigt den Bahnhof Floridsdorf von der Schlosshoferstraße her.

Im Sommer 1963 fuhr ein 4030.0 über die noch unverbaute Wasserparkbrücke. Im Vordergrund die damals noch zu mietenden Zillen.

Ein Schnellbahnzug auf der Brücke über das Überschwemmungsgebiet, links vorne ist der Abgang vom Fußgängersteg zu erkennen.

Das große Problem auf der Schnellbahnstrecke war immer der Mischbetrieb. Es verkehrten langsame Güter- und Reisezüge, genauso wie die leistungsstarken Schnellbahnzüge. Auf diesem Bild überquert ein Dieseltriebwagen der Reihe 5042 mit einem Beiwagen die Donaubrücke in Richtung Wien-Nord.

Während des fast alljährlichen Hochwassers fuhr ein Schnellbahnzug in Richtung Floridsdorf. Gut zu erkennen sind die sanierten Brückenpfeiler der Donaubrücke.

Der 4030.104 befährt die Brücke über den Handelkai. An dieser Stelle beginnt heute der Bahnsteig der Umsteigestation Handelskai.

Die vier Garnituren der Reihe 4030.100 die alle 1960 in Betrieb genommen wurden, hatten ebenfalls den orangen Schnellbahnspitz. Hier fährt der 4030.104 im 20. Bezirk in Richtung Traisengasse.

Die im – damals modernen – Nachkriegsstil errichtete Haltestelle Traisengasse am 3. Juni 1962.

Am ersten offiziellen Betriebstag der Wiener Schnellbahn, dem 18. Jänner 1962, wurde dieses Bild vom Bahnhof Praterstern aufgenommen.

Die neuen im Jahre 1962 fertiggestellten Heizhausanlagen in Wien-Nord sind hinter der einfahrenden Schnellbahngarnitur zu sehen, links noch die Ruine des alten Nordbahnhofes.

Früher wurde die Länge der Züge in Achsen angegeben, mit der großen Reform 1980 stellte man auf Meterangaben um. Unter dem schwarzen Haltesignal ist noch die Zahl 12 für eine Einfachgarnitur angeschrieben. Im Hintergrund beginnen die Abbrucharbeiten am alten Bahnhof.

Am 22. Februar 1963 legte der 4030.214 auf der Rückfahrt von der Polizeifahrt im Bahnhof Praterstern einen Fotohalt ein. Eine Garnitur besteht aus einem Triebwagen 4030, einem Zwischenwagen 7030 und einem Steuerwagen 6030 mit je vier Achsen und einer Gesamtlänge von 70 Metern.

Eines der wenigen Fotos, die einen Schnellbahnzug im überbauten Bahnsteigbereich des Bahnhofes Landstraße zeigen, aufgenommen Mitte der 1960er-Jahre, als noch ein Fahrdienstleiter am Bahnsteig anwesend war.

Für den leichten Personenzugverkehr auf der Pressburgerbahn wurden immer ältere, elektrisch leistungsschwache Lokomotiven eingesetzt. Hier steht am 7. Juli 1965 die 1073.14, Baujahr 1923, mit einem derartigen Zug auf Bahnsteig 3 im Bahnhof Landstraße.

Der Alltag im Jahre 1962 in der unterirdischen Haltstelle Südbahnhof. Um die Verschmutzung durch Ruß in den Tunnel- und Überbauungsabschnitten der Stammstrecke zu vermeiden, wurde bereits am 13. Jänner 1961 die Führung von Zügen mit Dampflokomotiven zwischen den Bahnhöfen Praterstern und Meidling verboten.

Nochmals die Haltestelle Südbahnhof mit den typischen Säulen am Bahnsteig 1 bei der Rolltreppe.

Am 5. Mai 1967 war der Eisenbahnalltag im Bahnhof Meidling noch in Ordnung. Die 77.249 steht mit einem Personenzug auf Bahnsteig 3. Darüber das Reiterstellwerk aus den 1930er-Jahren. Rechts im Hintergrund ist ein Schnellbahnzug zu sehen, der damals noch eine untergeordnete Rolle spielte.

4

Weitere Ausbauten bis 1971

Die Haltstelle Strandbäder, sie hatte zwei Seitenbahnsteige, wurde am 22. April 1964 im Zusammenhang mit der internationalen Gartenschau, die von April bis Oktober 1964 im Donaupark durchgeführt wurde, eröffnet. Anschließend diente sie vorwiegend dem Bäderverkehr zur Alten Donau.

Die am 28. September 1969 eröffnete Haltestelle Matzleinsdorfer Platz erhielt bereits einen Mittelbahnsteig. Diese Bahnsteigbauart erleichtert die Betriebsabwicklung, speziell im Störungsfall.

Durch die Verlegung der Schnellbahntrasse wurde der Verschubbetrieb im Bahnhof Matzleinsdorf wesentlich vereinfacht. Links steht noch das alte Stellwerk 1, rechts die großen Wohnhausanlagen der Gemeinde Wien.

Die Haltestelle verbesserte die Umsteigemöglichkeit zur Straßenbahn, die in diesem Bereich des Gürtels als U-Strab – Untergrundstraßenbahn – geführt wird, und stellt für die dort wohnenden Menschen eine wesentliche Verbesserung dar.

Die neue großzügig angelegte Kassenhalle der Haltestelle Matzleinsdorfer Platz. Links beim Aufgang zum Bahnsteig steht die Koje des Sperrschaffners, der die Fahrkarten kontrollierte.

Der Durchgang zum Gürtel mit der für diese Zeit typischen Wellblechdecke, den länglichen blauen Fliesen und den überall verwendeten Metalltüren.

Ebenfalls am 28. September 1969 wurde die Haltestelle Brünner Straße eröffnet. Bei der auf Bahnsteig 2 stehenden Schnellbahngarnitur wurde das Flügelrad bereits durch das Schnellbahnzeichen ersetzt.

PROGRAMM

DER

BESICHTIGUNGSFAHRT ANLÄSSLICH DER

INBETRIEBNAHME DER SCHNELLBAHN-HALTESTELLEN

MATZLEINSDORFER PLATZ UND BRÜNNER STRASSE

SAMSTAG, 27. SEPTEMBER 1969

Die Titelseite des Programms der Sonderfahrt anlässlich der Besichtigung der neuen Haltestellen vom 27. September 1969.

11.00 Uhr	Versammlung der Teilnehmer im Bahnhof Meidling (Bahnsteig 2, Gleis 4)
	Begrüßung und einführende Worte: Generaldirektor der Österreichischen Bundesbahnen Hofrat Dr. Karl KALZ
	Kurzansprache des Herrn Bundesministers für Verkehr und verstaatlichte Unternehmungen Dipl.-Ing. Dr. techn. Ludwig WEISS
11.17 Uhr	Abfahrt Bahnhof Meidling (Verwaltungstriebwagensonderzug 20409)
11.19 Uhr	Ankunft Haltestelle Matzleinsdorfer Platz Besichtigung der Haltestelle
11.30 Uhr	Abfahrt Haltestelle Matzleinsdorfer Platz
11.45 Uhr	Ankunft Haltestelle Brünner Straße Besichtigung der Haltestelle
12.00 Uhr	Abfahrt Haltestelle Brünner Straße
12.10 Uhr	Ankunft Bahnhof Korneuburg
12.30 Uhr	Mittagessen im Gasthof Niggl, Korneuburg, Hauptplatz 25
13.55 Uhr	Abfahrt Bahnhof Korneuburg (Verwaltungstriebwagensonderzug 20410)
14.06 bis 14.07 Uhr	Bahnhof Floridsdorf Der Zug hält ab Floridsdorf in allen Haltestellen
14.30 Uhr	Ankunft Bahnhof Meidling

HUBER & LERNER, WIEN

Die Innenseite dieses Programms mit dem zeitlichen Ablauf.

Gleichzeitig mit der Errichtung der Haltestelle wurde auch der zweigleisige Ausbau nach Jedlersdorf vorgenommen. Die Bahnsteigdächer im Bereich der Stammstrecke sind immer so lange wie die Bahnsteige selbst. Auf den Außenstrecken sind diese Dächer nur in kurzer Ausführung vorhanden.

Auch in der Brünner Straße ist die Kassenhalle großzügig angelegt, in der Mitte die Fahrkartenschalter, daneben die Kojen der Sperrschaffner und die beiden Aufgänge zu den Bahnsteigen. Das Bild wurde während der Besichtigungsfahrt einen Tag vor der Eröffnung aufgenommen.

Auch von der Brünner Straße aus gesehen hat die Haltestelle ein gefälliges Äußeres. Dahinter steht noch der markante Schornstein der Lokomotivfabrik Floridsdorf.

Am 8. Juli 1969 begannen die Bauarbeiten für die Errichtung der Haltestelle Rennweg. Damals sah die Planung noch eine U-Bahn-Linie in diesem Bereich vor. Deshalb wurde auf eine künftige Umsteigemöglichkeit Rücksicht genommen. Das Bild zeigt die Baustelle im Sommer 1969.

Betonierungs- und Abstützarbeiten im Baustellenbereich der zukünftigen Haltestelle. Auf der freien Fläche im Vordergrund wird bald das Haltestellengebäude errichtet werden.

Das Bild zeigt die Fundamentierungs- und Betonierungsarbeiten an den Stützmauern beiderseits der Gleisanlagen am 9. Februar 1970. Der Fußgängertunnel zur U-Bahn ist unter der Hilfsbrücke schon zu erkennen, er wurde beim Umbau im Jahre 2000 zugeschüttet.

Das Gebäude der neuen Haltestelle nahm ebenfalls im Herbst 1970 Gestalt an. An den Abgängen zu den Bahnsteigen wurde noch gearbeitet. Die Errichtung der Bahnsteigdächer konnte nur in den Nachtstunden erfolgen. Es musste immer ein Gleis gesperrt und die Fahrleitung abgeschaltet werden.

Am 28. Dezember 1970 konnte die Dachkonstruktion im Haltestellengebäude fertiggestellt werden. Die beiden Rolltreppen zu den Bahnsteigen wurden am 14. und 23. April eingebaut. Am Innenausbau wurde noch bis Mai 1971 weitergearbeitet.

Am 22. September 1970 durchfährt ein Schnellbahnzug die Großbaustelle Rennweg. Die Arbeiten an den Stützmauern waren größtenteils abgeschlossen und der Bahnsteig nahm bereits Gestalt an.

Wenige Tage vor der Inbetriebnahme der neuen Haltestelle. Am 20. Mai 1971 konnte die Montage der gesamten elektrischen Anlagen großteils abgeschlossen werden.

Die Kassenhalle der Haltestelle Rennweg am Eröffnungstag, dem 23. Mai 1971. Dem neugierigen Publikum wurde der neuartige Fahrscheinentwerter ausführlich erklärt. Auffallend sind auch die großen und gut lesbaren Wegweiser.

So sahen 1971 die ersten Fahrscheinentwerter aus. Darüber ist die Erklärung zur Benützung angebracht. Anfangs leisteten die Sperrschaffner noch Hilfestellung, bis sie am 1. Oktober 1972 abgeschafft wurden.

Am 5. Juni 1971 wurde in der neuen Haltestelle Rennweg Verkehrsminister Frühbauer vom Bahnhofvorstand des Bahnhofes Landstraße, Josef Scharf, am Bahnsteig herzlich begrüßt. Links Bürgermeister Slavik hinter dem Bundesminister der Generaldirektor der ÖBB, Dr. Kalz, und daneben Stadtrat Heller.

Ein typischer Personenzug der Pressburgerbahn, gezogen von der 1072.06, hielt am 23. Mai 1971 an der Haltestelle Rennweg.

Der Personenverkehr am Wiener Aspangbahnhof wurde am 22. Mai 1971 eingestellt. Ab dem 23. Mai fuhren die Personenzüge aufenthaltslos durch. Das Bild zeigt den in den Jahren 1880/81 erbauten Aspangbahnhof. Zwischen 15. Juli und 22. September 1977 wurde das Gebäude ersatzlos abgetragen.

29 Jahre erfüllte die Haltestelle Rennweg ihren angedachten Zweck, bis sie im Jahre 2000 abgetragen und umgebaut wurde. Ein Schnellbahnzug legt auf Bahnsteig 1 einen Aufenthalt ein.

5

Die Anfänge der Zugförderung Floridsdorf

Stolz präsentieren sich die neuen Schnellbahngarnituren in der Zugförderung Floridsdorf. Die damals großzügig angelegte Anlage bot anfangs viel Platz. Mit fortschreitender Auslieferung weiterer Garnituren, ab 1978 kamen noch die Triebwagen der Reihe 4020 dazu, ergaben sich massive Platzprobleme, die einen ersten Ausbau 1987 erforderlich machten.

In den neuen Hallen der Zugförderung Floridsdorf wurden die Züge nicht nur hinterstellt und gewartet, sondern es wurden auch Reparaturen ausgeführt. Auf Gleis 802 war der Triebwagen angehoben, um die Drehgestelle wegrollen zu können und zu warten.

Viel Betrieb war 1966 in den Werkstätten. Links ist das Kabel der Vielfachsteuerung zu sehen, das es ermöglicht, zwei oder mehr Garnituren vom vordersten Führerstand aus zu steuern. Der 4030.209 wurde am 7. September 1962 und daneben der 4030.218 am 26. November 1965 von der ÖBB übernommen.

Eine Triebwagenparade im Freigelände der Zugförderung Floridsdorf im Sommer 1966. Den 4030.220 hatte die ÖBB am 15. Februar 1966 übernommen. Die mechanischen Teile dieser Züge fertigte die Firma SGP, den elektrischen Teil die Firma Elin und für zehn Züge die Firma BBC.

Eine Innenansicht des Vorgängers der echten Schnellbahn, der Garnituren der Reihe 4030.0. Da sie für den regionalen Nahverkehr gedacht waren, hatten sie hohe Sitze mit Kopfstützen, Gepäckträger und sogar Vorhänge an den Fenstern. Die Einstieg- und Fahrgasträume waren mit Schiebetüren abgegrenzt.

Die Innenausstattung der Garnituren der Reihe 4030.200 wiesen bereits einige Änderungen auf. An den Wänden die üblichen Werbefotos, rechts neben der Türe war der Schalter für die elektrische Heizung. Die schmalen Gepäckträger waren nur mehr in Längsrichtung über den Sitzreihen angeordnet Hier ein gut besetzter Schnellbahnzug am 3. April 1965.

Nochmals ein schöner Blick in die neue Triebwagenhalle in Floridsdorf Mitte der 1960er-Jahre.

Um die Garnituren freizügig im gesamten Schienennetz einsetzten zu können sowie mit anderen Fahrzeugen zu kuppeln, erhielten die Schnellbahnzüge anfangs nur eine Schraubenkupplung. Das Teilen und Verdoppeln der Züge erforderte hohen Personaleinsatz. Im Schnellbahnbetrieb wurden jedoch nie zusätzliche Güter- oder Personenwagen mitbefördert, ausgenommen eine kurze Zeit lang ein Fahrradtransportwagen auf der S7.

Zwischen 1972 und 1975 wurden die Triebwagen mit einer Mittelpufferkupplung der Bauart „Scharfenberg“ nachgerüstet. Damit konnte auch Verschubpersonal eingespart werden. Das Bild zeigt eine solche Kupplung mit „offen“, das vorige Bild den Normalzustand mit geschlossenen Kontakten.

6

Ein kurzer Streifzug der Entwicklung des Schnellbahnbetriebes bis heute

Aufgrund des großen Erfolges wurde das Netz der Schnellbahn immer wieder verlängert und verästelt. Außerdem war die Höchstgeschwindigkeit der 4030 mit 100 km/h bald zu niedrig. Deshalb wurden zwischen 1978 und 1987 120 neue Schnellbahngarnituren der Reihe 4020 angeschafft. Das Bild zeigt einen solchen Zug in Richtung Meidling fahrend.

Wie weit derzeit die Schnellbahnzüge fahren, zeigt die Anzeige am Bahnsteig der Haltestelle Matzleinsdorfer Platz. Der auf Gleis 1 stehende Zug fährt beispielsweise bis Krems an der Donau.

Die 1063.47 fuhr am 25. Juli 1995 mit einem Güterzug während des Umleitungsverkehrs – wegen der Hebung der Ostbahnbrücke – zwischen Südtiroler Platz und Matzleinsdorfer Platz auf der Rampe der ehemaligen Verbindungsbahn. Im Hintergrund sieht man das Heizhaus Wien-Süd.

Ein Schnellbahnzug an fast derselben Stelle nach Liesing, das Gleis rechts neben dem Zug führt durch den Stegtunnel nach Wien-Ost Frachtenbahnhof.

Das Tunnelportal des Südbahntunnels heute. Durch die in den letzten Jahren eingeführten strengen Auflagen in Tunnelbereichen mussten die Züge mit „Notbremsüberbrückungen“ nachgerüstet werden. Deshalb wurden die Garnituren umnummeriert, so wurde aus dem 4020.27 der 4020.227, aus 4020.102 der 4020.302.

Um nicht nur in den Bahnhöfen die Streckengleise wechseln zu können, baute man sogenannte Überleitstellen ein. Das sind auf der Strecke liegende Weichenverbindungen, die die Betriebsabwicklung, speziell im Störungsfall, wesentlich erleichtern. Das Bild zeigt die alte Überleitstelle Mat 4SB vor der Haltestelle Rennweg vor dem Umbau im Juli 2001.

Während des Ausbaues der Flughafenschnellbahn war das Verschwenken der von den Zügen befahrenen Gleise häufiger notwendig. Das Bild zeigt den Zustand der Baustelle im Juli 2001.

Anfang Juli 2001 wurde die Sicherungsanlage ausgebaut und das Gebäude der Abzweigung EWA abgetragen. Ein Bautrupp des Sicherungsdienstes ist gerade mit der Demontage beschäftigt.

Gut ist noch die alte Lage der Gleise im Juli 2001 zu erkennen. Da das provisorische Betriebsgleis sehr nahe an die Häuser herangelegt werden musste, war eine aufwendige und umfangreiche Sicherung der Hauswände und Fundamente erforderlich.

Dieselbe Stelle wie auf dem Bild oben, aufgenommen am 28. Juli 2006. Die Straßen entlang der Häuser sind wieder hergestellt, die Überbauung wurde verlängert und zum Lärmschutz eine Bitumenschicht als Flüsterbelag aufgetragen.

Mit einem Bahnhof oder Haltestellengebäude hat der neue, modern aussehende Glasbau wenig gemeinsam. Nur noch das Schnellbahnzeichen erinnert an eine Haltestelle.

Der neue Mittelbahnsteig der Haltestelle Rennweg ist sehr breit und gut beleuchtet. Hier steht gerade die neuerste Generation von Nahverkehrszügen. Der 4024 Talent wurde nach dem Ausscheiden der alten Garnituren als Ersatz angeschafft und steht seit Dezember 2004 im Einsatz.

Noch vor dem Umbau fuhr der 4020.59+57 am 24. Juli 1995 in die Haltestelle Rennweg ein. Noch sieht man die schönen Stützmauern.

Neun Jahre später die gleiche Stelle von der anderen Seite aus gesehen. Heute fährt auch der CAT zwischen Wien-Mitte und dem Flughafen, die Stützmauern wurden verkleidet.

Während der Umbauarbeiten im Bahnhof Wien-Mitte war zeitweise nur ein Bahnsteig benützbar. Im Oktober 2001 fährt ein Schnellbahnzug vom Bahnsteig 2 in Richtung Rennweg aus. Im Zuge dieser Bauarbeiten wurde die Gleisgeometrie gänzlich geändert.

Ein einfahrender Schnellbahnzug auf der neuen südlichen Weichenstraße des Bahnhofes Wien-Mitte. Auch hier sind die Stützmauern verkleidet und bereits beschmiert worden.

An einem sonnigen Vormittag im Jahre 1980 präsentierte sich der Bahnhof noch mit nicht verbauten Zungenbahnsteigen von der Ungarbrücke aus. Unübersehbar ist das Hotel „Hilton", daneben ein Teil der alten Markthalle.

Im Jahre 2006 ist die Bahnhofsüberbauung bereits bis zur Ungarbrücke vorangeschritten. Auch ein zusätzlicher Abgang zu den Bahnsteigen wurde errichtet. Ein Eilzug nach Retz, gebildet aus einer Doppelstockwagen-Garnitur, fährt gerade auf den Bahnsteig 2 ein.

Im Juli 2001 wurde bereits an den Fundamenten des zukünftigen Hochhauses zwischen der Marxerbrücke und der Brücke der Hinteren Zollamtsstraße gearbeitet. Um den laufenden Betrieb möglichst wenig zu stören, wurden aus Schutzgründen Holzwände errichtet. Wenige Wochen später wurde das Zentralstellwerk, rechts, abgetragen.

Die alte Brücke der Hinteren Zollamtsstraße aus der Zeit des Stadtbahnbaues war schon sehr desolat und wurde im Zuge der umfangreichen Bauarbeiten neu errichtet. Dabei wurde jeweils eine Hälfte der Brücke abgetragen und durch neue Teile ersetzt. Damit war sie durchgehend für die Straßenbahn benützbar.

Etwas Abwechslung in den Schnellbahnalltag bringen die Überstellfahrten von Triebwagen oder einzelnen Triebfahrzeugen in das TS-Werk Floridsdorf. Hier verlässt der 4010.29 am 9. Juli 1995 den Bahnhof Wien-Mitte in Richtung Donaukanal.

Selbst 1995 waren die alten 4030 Garnituren unentbehrlich im täglichen Betrieb. Lange Zeit deckten Sie den gesamten Umlauf der S7 zum Flughafen und nach Wolfsthal sowie in den Hauptverkehrszeiten die „Zwischenfahrer“. Der 4030.202 fährt am 11. Juli 1995 in den Bahnhof Wien-Mitte ein.

Im Oktober 2001 durchfährt der 4020.006 die Großbaustelle Wien-Mitte. Der größte Teil der neuen Gleisanlage lag bereits und wartete nur noch auf einige Nacharbeiten.

Im Jahre 1985 konnte man noch so herrliche Bilder von der Donaukanalbrücke machen. Beim Fotografieren der Züge störten keine Lärmschutzwände.

Um den Einsatz von Doppelstockgarnituren auf Schnellbahnstrecken zu testen, fuhr im Herbst 1992 eine neue Züricher S-Bahngarnitur zwischen Liesing und Gänserndorf im Planeinsatz. Der Zug bestand aus einem Steuerwagen, zwei Zwischenwagen und der Lokomotive. Hier überquert diese ansprechende Garnitur am 9. November 1992 die Donaukanalbrücke.

Wer hätte im Juli 2001 gedacht, dass diese Aufnahme heute schon veraltert sein würde? Ein Schnellbahnzug fährt auf den Schnellbahnbahnsteig in Wien-Nord ein, im Hintergrund sieht man das Dienstgebäude, links die ehemalige BB-Direktion Wien.

Im Oktober 2004 begannen praterseitig die Abtragarbeiten des Bahnhofes Wien-Nord. Die Gleise, Bahnsteigdächer und die Fahrleitung waren im Mai 2005 schon abgebaut.

Ebenfalls im Mai 2005 wurde der Bahnsteig 5 mit einem Bagger abgetragen und auf einen Lkw verladen. Dort, wo der Lastwagen steht, fuhren einst Dampfzüge aus und ein. Heute erinnert nichts mehr daran.

Ganze Arbeit leistete im Mai 2005 das schwere Gerät. Das Foto wurde vom ehemaligen Bahnsteig 6 aufgenommen. Der Trog der Gleistrasse und der Postbahnsteig waren bereits geschliffen. Wo die Bagger fahren, standen einst das Postamt sowie das Material- und Personalbüro.

Nur fünf Monate später nahm der neue Bahnsteig schon wieder Gestalt an. Hier sieht man Schallungs- und Betonierungsarbeiten im Oktober 2005.

Wenige Wochen vor der Inbetriebnahme war der Bau weit fortgeschritten. Das Foto wurde am 20. März 2006 aufgenommen, als noch mit Hochdruck gearbeitet wurde.

Nachdem der neue Bahnsteig im April 2006 in Betrieb genommen wurde, begann sofort der Abtrag des restlichen Teiles. Am 10. Juni 2006 war von der ehemaligen Kassenhalle nichts mehr übrig. Die Tragwerke über dem Kreisverkehr werden generalsaniert.

Am 10. Juni 2006 fährt ein Schnellbahnzug über die provisorische Weichenstraße vom neuen Bahnsteig 3 in Richtung Traisengasse aus. Wo einst die Wagenwerkstätte stand, wird zurzeit Baumaterial gelagert.

Ursprünglich wurden die ersten 30 Züge der Reihe 4030.0 als vierteilige Garnituren bestellt und 22 in dieser Form geliefert. Da in späteren Jahren diese Züge meist nur dreiteilig verkehrten, wurden die übrigen Zwischenwagen als normale Reisezugwagen im regionalen Verkehr eingesetzt, zu Beginn auf der Südbahn, später dann auf der Nordbahn. Die 1014.01 fährt mit einem solchen Zug im März 1994 von Bernhardsthal kommend in Wien-Nord ein.

Ein Schnellbahnzug hält in der Haltestelle Traisengasse. Außer dem Abgang zur Donaueschingenstraße und zum Unfallkrankenhaus hat sich in dieser Haltestelle baulich seit der Eröffnung nichts getan.

Die neueste Generation der Nahverkehrsgarnituren der Reihe 4020 von Bombardier hier in der Haltestelle Traisengasse. Der vierteilige Gliederzug ist 66,87 Meter lang, 140 km/h schnell, 116 Tonnen schwer und verfügt über 174 Sitzplätze sowie zusätzlich über 25 Klappsitze. Er hat spezielle Sitz- und Stellplätze für Rollstuhlfahrer und eine behindertengerechte Toilette.

Der Rechtsbogen zwischen Traisengasse und Handelskai entstand durch Umlegen der Strecke im Zuge der Donauregulierung 1874. Die 1046.04, noch mit altem Wagenkasten, mit Zug 2311 kurz vor der Haltestelle Traisengasse im Juni 1991.

Der 4020.25 verlässt in Jahre 1980 die Vorflutbrücke über den Handelskai. Links ist der ehemalige Fußgängersteg zu sehen. Wegen der Errichtung der U6 musste die Bahntrasse zwischen Engerth- und Donaueschingenstraße leicht verschwenkt werden.

Dieselbe Stelle nur 26 Jahre später. Durch Hebung der Donaubrücke mussten auch die Zulaufstrecken dementsprechend angehoben werden. Hier verläuft die Trasse nicht mehr auf einem Damm, sondern auf einer Brückenkonstruktion, bevor sie in den Haltestellenbereich mündet.

Die Haltestelle Handelskai verbindet U-Bahn und S-Bahn. Links sieht man die Trasse der Schnellbahn und rechts die der U-Bahn.

Der Bahnsteigbereich ist unter Verwendung von viel Glas sehr hell und freundlich gestaltet. Die Bahnsteige enden direkt am Beginn der Donaubrücke. Hier fährt am 28. Juli 2006 gerade ein Schnellbahnzug auf Bahnsteig 1 ein.

Im Jahre 1980 begegnen sich Alt und Neu auf der Donaubrücke. Das Foto entstand vom ehemaligen Überschwemmungsgebiet aus. Heute ist diese Sicht durch die U-Bahn-Brücke verstellt.

Bis November 1974 war noch Dampfbetrieb auf der Nord- und Nordwestbahn. Die 52.6407 überquert mit einem Personenzug im Juli 1973 das Überschwemmungsgebiet. Hier befindet sich heute die Donauinsel.

Mit Einführung des Taktfahrplanes im Juni 1991, dem NAT 91, fuhr alles, was Räder hatte. Die 1046.04 fuhr mit den Altbauwagen von Wien-Nord nach Krems/Donau über die noch nicht gehobene Donaubrücke.

Eine 4030-Doppelgarnitur auf den Brücken über dem Überschwemmungsgebiet. Im Hintergrund sind schon die Grabungsarbeiten für das Naherholungsgebiet „Neue Donau" und die Donauinsel zu erkennen.

Deutlich ist der Unterschied vor und nach der Brückenhebung zu erkennen. Der Umleitungsgüterzug 46216, gezogen von der 1042.673 und 1063.28, überquert am 12. Juli 1995 die Neue Donau.

Ein Schnellbahnzug fährt in Richtung Handelskai, rechts sieht man die Trasse und die Haltestelle Neue Donau der U-Bahn.

Im Jahre 1985 begegnet der 4020.10 in der Haltestelle Strandbäder seinem Vorgänger, einem 4030.

So präsentiert sich die im Jahre 2000 aufgelassene Haltestelle „Strandbäder" am 28. Juli 2006 vom U-Bahn-Bahnsteig aus.

Am 17. Jänner 1987 wurde das 25. Jubiläum der Wiener Schnellbahn gefeiert. Dazu gab es in der Kassenhalle Wien-Nord einen Festakt mit anschließender Parallelfahrt zwischen Wien-Nord und Floridsdorf mit dem in seinen ursprünglichen Zustand zurückversetzten 4030.210 und einer neuen Garnitur. Das Bild zeigt die geschmückten Züge im Bahnhof Floridsdorf.

Gleichzeitig mit der Verlängerung der U6 nach Floridsdorf wurde auch der Bahnhof großzügig umgebaut. Um die Umsteigewege zwischen Schnellbahn und U-Bahn kurz zu halten, wurde die Kassenhalle um etwa 70 Meter verlegt. Ebenso renovierte man die Bahnsteige und passte sie den neuen Gegebenheiten an.

Anfangs besaß Floridsdorf nur vier Bahnsteige. Während der Umbauarbeiten, zwischen April 1991 und Dezember 1995, musste immer wieder ein Bahnsteig für den gesamten Verkehr gesperrt werden. Um den Verkehr während dieser Zeit abwickeln zu können, wurde das zusätzliche Gleis 5 mit dem dazugehörenden 160 Meter langen Bahnsteig errichtet.

Die erste große Erweiterung der Traktion Floridsdorf erfolgte im Jahre 1987. Zurzeit wird wieder an einer Vergrößerung gearbeitet, trotzdem herrscht immer Platznot. An einem sonnigen Sommertag im Juli 2006 warten in der Mittagzeit einige Garnituren auf die Ausfahrt.

Das Bild zeigt das mit moderner Sicherungs- und Kommunikationsanlagen ausgerüstete Stellwerk der Traktion in Floridsdorf am 28. Juli 2006.

Einige Schnellbahngarnituren stehen vor der aus den 1960er-Jahren stammenden und modernisierten Triebwagenhalle. Rechts ist auch die 1987 eröffnete neue Halle zu sehen. Zurzeit werden neue Abstellgleise errichtet sowie eine neue Waschanlage gebaut.

Bücher aus der Wien

Der **Wiener Nordbahnhof**
Franz Haas
ISBN-13: 978-3-86680-036-6
18,90 € [A]

Die **Franz-Josefs-Bahn** und ihre Nebenlinien
Alfred Wolf
ISBN-13: 978-3-86680-036-0
18,90 € [A]

Der **Aspangbahnhof** und die **Wien-Saloniki-Bahn**
Gerhard Kletter
ISBN-13: 978-3-89702-928-6
18,90 € [A]

Wien-Wieden. Historische Bezirksbilder
Felix Czeipek
ISBN-13: 978-3-89702-715-2
18,90 € [A]

Wien-Leopoldstadt
Josef König und Hans König
ISBN-13: 978-3-89702-467-0
18,90 € [A]

Wien-Brigittenau
Roland Peter Herold
ISBN-10: 3-89702-860-3 | ISBN-13: 978-3-89702-978-3
18,90 € [A]

SUTTON
VERLAG